Impressum
Verlag: BABADADA GmbH, Nedderfeld 112 , 22529 Hamburg
Geschäftsführer / Verlagsleitung: Harald Hof
Druck: Books on Demand GmbH, In de Tarpen 42, 22848 Norderstedt

Imprint
Publisher: BABADADA GmbH, Nedderfeld 112 , 22529 Hamburg, Germany
Managing Director / Publishing direction: Harald Hof
Print: Books on Demand GmbH, In de Tarpen 42, 22848 Norderstedt

scol
l'école

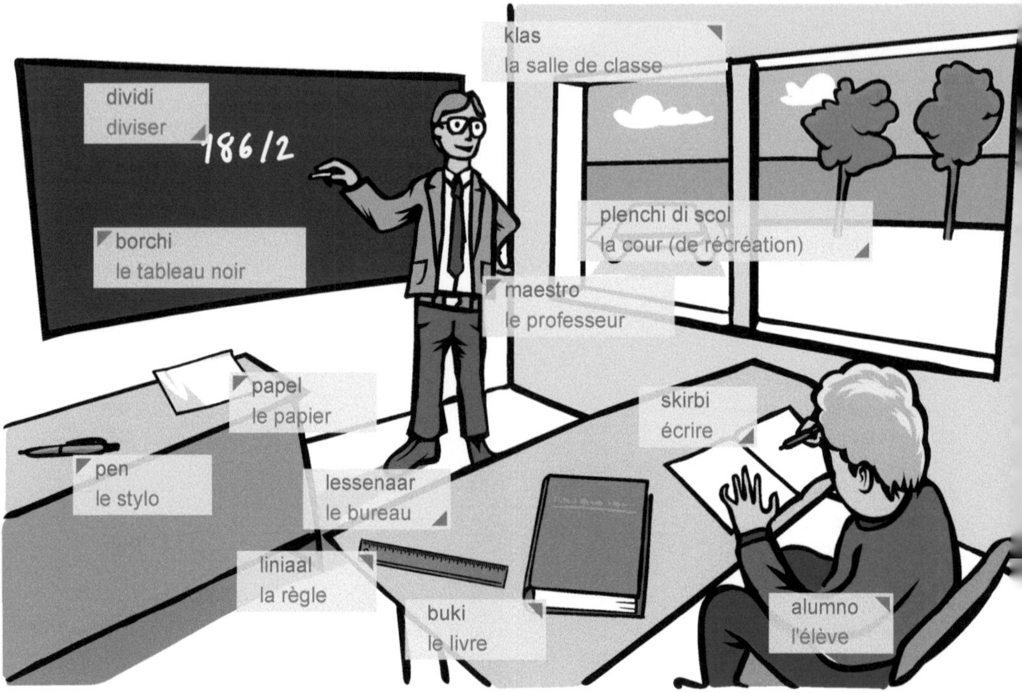

klas
la salle de classe
dividi
diviser
186/2
borchi
le tableau noir
plenchi di scol
la cour (de récréation)
maestro
le professeur
papel
le papier
skirbi
écrire
pen
le stylo
lessenaar
le bureau
liniaal
la règle
buki
le livre
alumno
l'élève

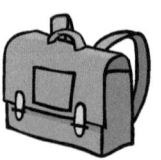

tas di scol
le cartable

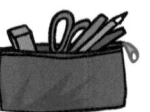

etui
la trousse

potlood
le crayon

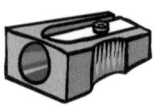

slijper
le taille-crayon

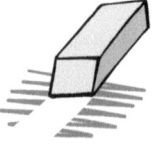

gum
la gomme

buki di pinta
le carnet à dessin

pintura

le dessin

cuashi

le pinceau

caha di verf

la boîte de peinture

sker

les ciseaux

lijm

la colle

schrift

le cahier d'exercices

huiswerk

les devoirs

12

number

le chiffre

2+2

suma

additionner

5-2

kita

soustraire

2×2

multiplica

multiplier

conta

calculer

A

letter

la lettre

ABCDEFG HIJKLMN OPQRSTU VWXYZ

alfabet

l'alphabet

hello

palabra

le mot

texto

le texte

lesa

lire

krijt

la craie

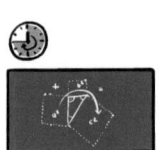

les

la leçon

klassenboek

le livre de classe

examen

l'examen

diploma

le certificat

uniform di scol

l'uniforme scolaire

estudio

la formation

enciclopedia

le lexique

universidad

l'université

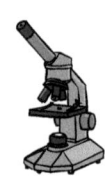

microscop

le microscope

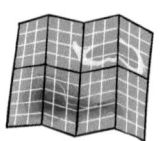

mapa

la carte

bari di sushi

la corbeille à papier

biahamento
le voyage

hotel
l'hôtel
Grand
posada
l'auberge
ROOMS
oficina di cambio
le bureau de change
CHANGE
maleta
la valise
auto
la voiture

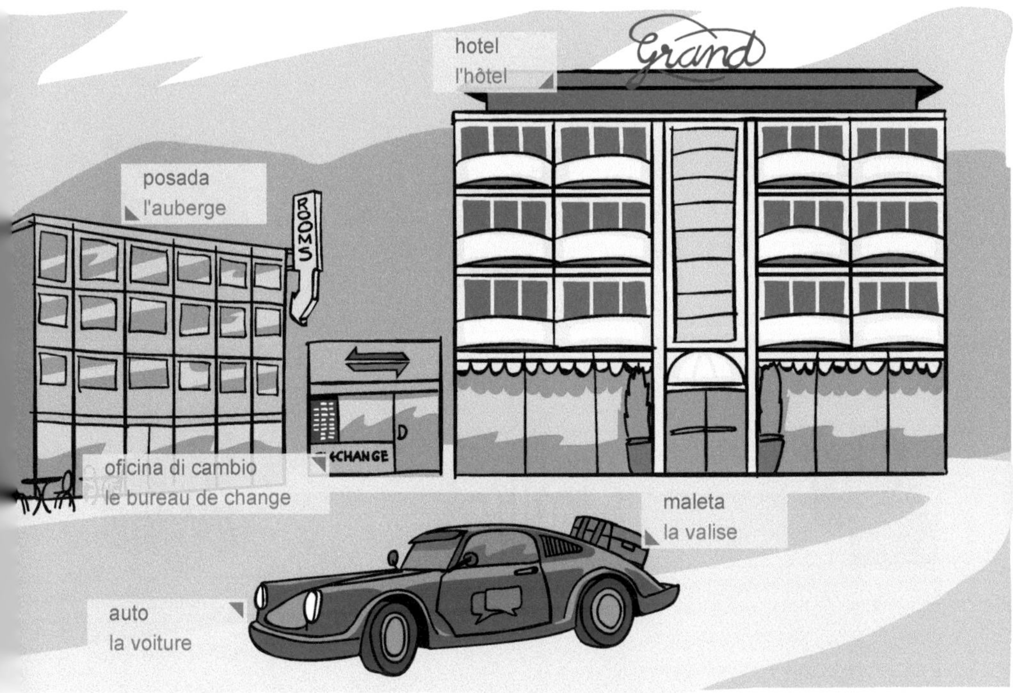

idioma

la langue

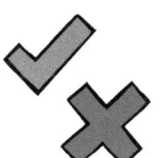

si / no

oui / non

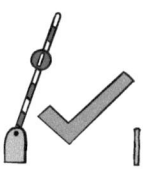

bon

d'accord

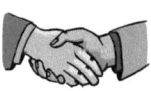

hallo

Salut

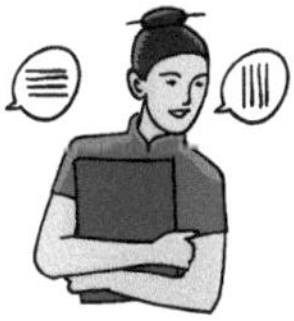

tolk

l'interprète

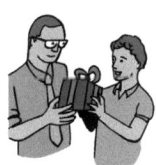

masha danki

merci

Cuanto esaki ta costa?

Combien coûte...?

Mi no ta compronde

Je ne comprends pas

problema

le problème

bon nochi

Bonsoir !

Bon dia!

Bonjour !

Bon nochi!

Bonne nuit !

ayo

Au revoir

direccion

la direction

maleta

les bagages

handbag

le sac

rugtas

le sac-à-dos

huesped

l'hôte

camber

la pièce

slaapzak

le sac de couchage

tent

la tente

informacion pa turista

l'office de tourisme

lama

la plage

credit card

la carte de crédit

desayuno

le petit-déjeuner

cuminda di merdia

le déjeuner

cuminda di anochi

le dîner

carchi

le billet

cabe'i boto

l'ascenseur

stampia

le timbre

grens

la frontière

duana

la douane

embahada

l'ambassade

visa

le visa

paspoort

le passeport

transport
le transport

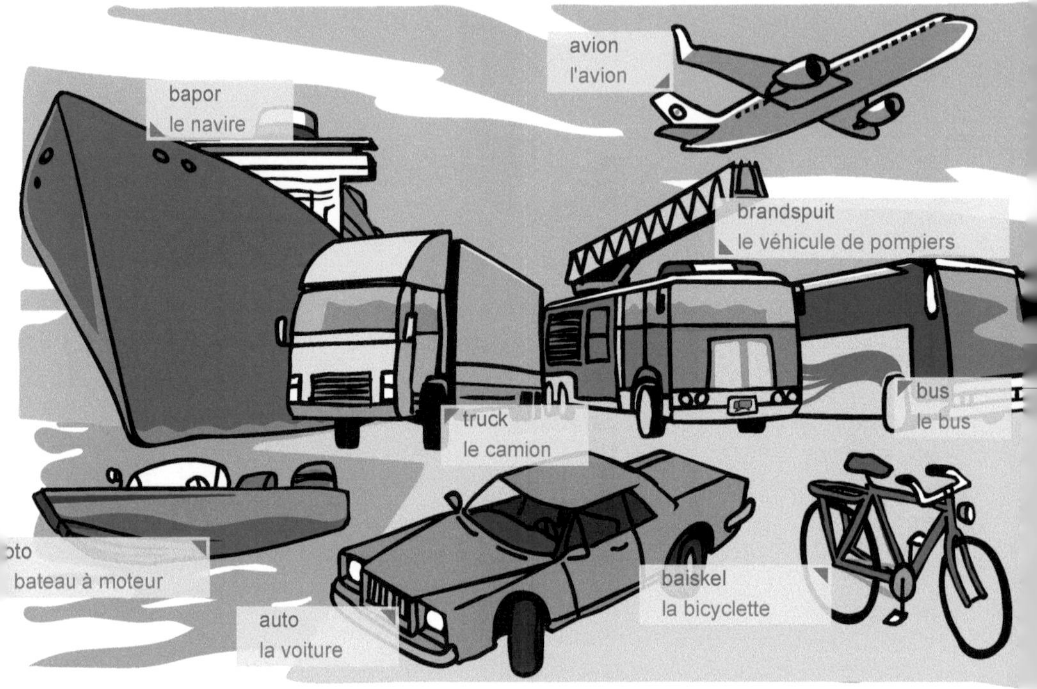

avion
l'avion
bapor
le navire
brandspuit
le véhicule de pompiers
bus
le bus
truck
le camion
oto
bateau à moteur
baiskel
la bicyclette
auto
la voiture

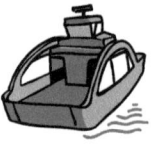

ferry
le ferry

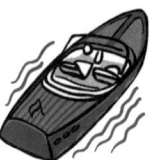

boto
la barque

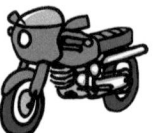

brommer
la moto

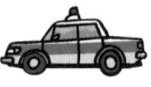

auto di polis
la voiture de police

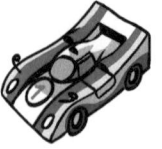

auto di careda
la voiture de course

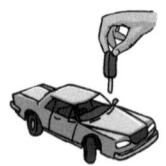

auto di huur
la voiture de location

car sharing

l'auto-partage

takelwagen

la voiture de remorquage

dump truck

la benne à ordures

motor

le moteur

gasolin

l'essence

pomp di gasolin

la station d'essence

borchi di trafico

le panneau indicateur

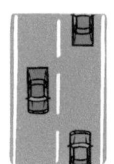

trafico

le trafic

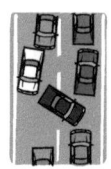

fila

l'embouteillage

parkeerplaats

le parking

stacion di trein

la gare

riel

les rails

trein

le train

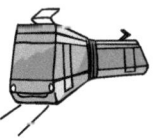

tram

le tramway

wagon

le wagon

helicopter

l'hélicoptère

aeropuerto

l'aéroport

toren

la tour

pasahero

le passager

container

le conteneur

caha di carton

le carton

garoshi

le chariot

macutu

la corbeille

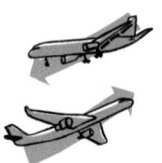

lanta / baha

décoller / atterrir

ciudad

la ville

pueblo

le village

centro di ciudad

le centre-ville

cas

la maison

cine
le cinéma

propaganda
la publicité

luz di caya
le réverbère

caya
la rue

taxi
le taxi

snackbar
le kiosque

hende na pia
le piéton

acera
le trottoir

zebrapad
le passage piéton

bari di sushi
la poubelle

crusada
le carrefour

luz di trafico
les feux de circulation

hut
la cabane

flat
l'appartement

stacion di trein
la gare

stadhuis
la mairie

museo
le musée

scol
l'école

ciudad - la ville

universidad

l'université

banco

la banque

hospital

l'hôpital

hotel

l'hôtel

botica

la pharmacie

oficina

le bureau

boekhandel

la librairie

tienda

le magasin

floresteria

le fleuriste

supermarket

le supermarché

mercado

le marché

department store

le grand magasin

bendedo di pisca

la poissonnerie

shopping center

le centre commercial

haf

le port

ciudad - la ville

park
....
le parc

banki
....
la banque

brug
....
le pont

trapi
....
les escaliers

metro
....
le métro

tunnel
....
le tunnel

parada di bus
....
l'arrêt de bus

bar
....
le bar

restaurant
....
le restaurant

postbox
....
la boîte à lettres

borchi di nomber di caya
....
le panneau indicateur

parkeermeter
....
le parcmètre

parke di bestia
....
le zoo

piscina
....
le réverbère

moskee
....
la mosquée

cunucu

la ferme

polucion

la pollution

santana

la cimetière

misa

l'église

speelplaats

l'aire de jeux

tempel

le temple

paisahe

le paysage

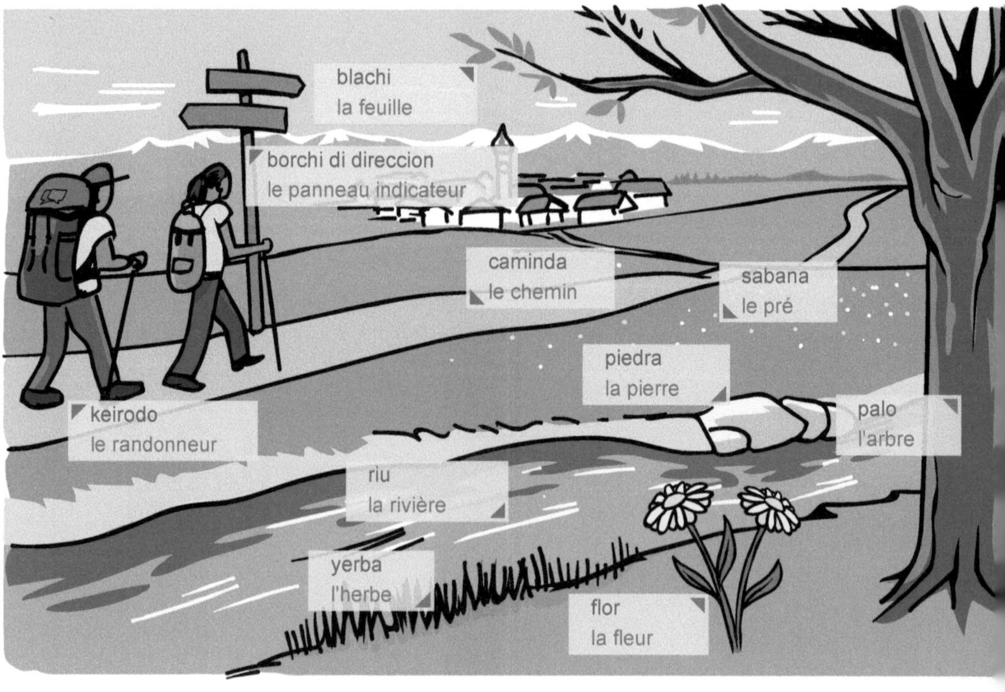

blachi
la feuille

borchi di direccion
le panneau indicateur

caminda
le chemin

sabana
le pré

piedra
la pierre

palo
l'arbre

keirodo
le randonneur

riu
la rivière

yerba
l'herbe

flor
la fleur

vallei
la vallée

sero
la montagne

lago
le lac

mondi
la forêt

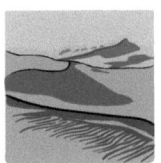

desierto
le désert

volcan
le volcan

kasteel
le château

arco iris
l'arc-en-ciel

paddenstoel
le champignon

palma
le palmier

sangura
le moustique

musca
la mouche

vruminga
les fourmis

bij
l'abeille

haraña
l'araignée

tor

le coléoptère

dori

la grenouille

eekhoorn

l'écureuil

porcospina

le hérisson

coneu

le lièvre

shoco

la chouette

parha

l'oiseau

zwaan

le cygne

porco di mondi

le sanglier

bina

le cerf

eland

l'élan

dam

le barrage

molina di biento

l'éolienne

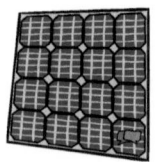

panel solar

le panneau solaire

clima

le climat

restaurant
le restaurant

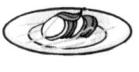

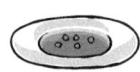

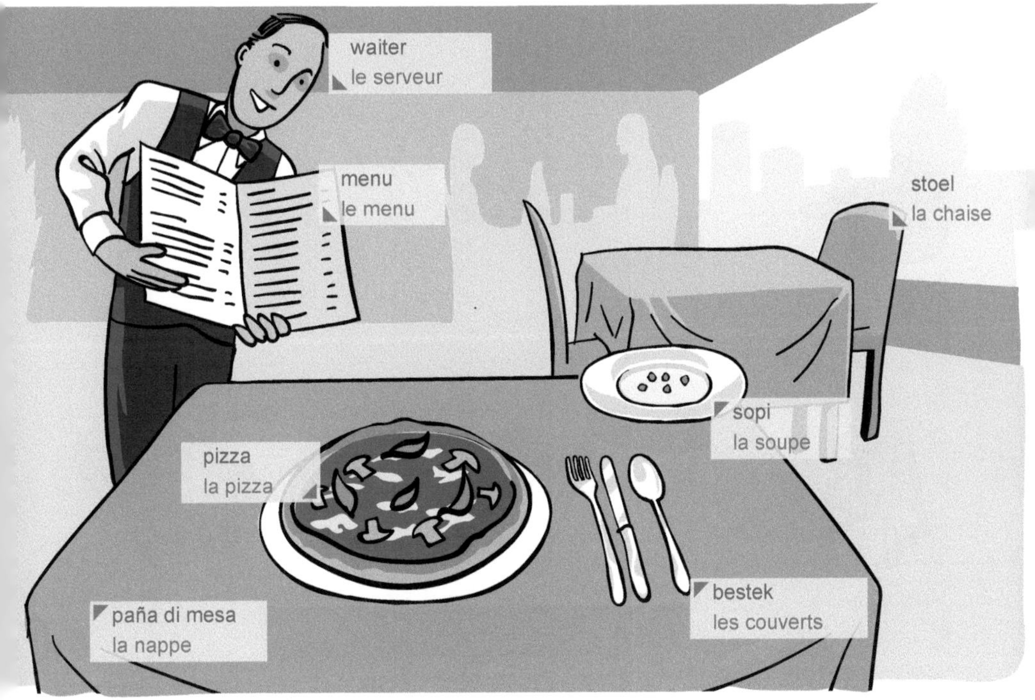

waiter
le serveur
menu
le menu
stoel
la chaise
sopi
la soupe
pizza
la pizza
bestek
les couverts
paña di mesa
la nappe

aperitivo

les hors d'œuvre

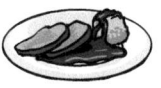

cuminda principal

le plat principal

dessert

le dessert

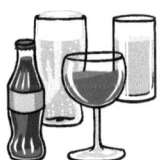

bebida

les boissons

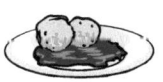

cuminda

l'alimentation

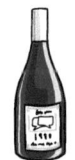

boter

la bouteille

fastfood

le fast-food

streetfood

les plats à emporter

canica di te

la théière

pochi di sucu

le sucrier

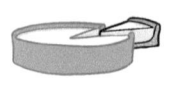

porcion

la portion

espressomachine

la machine à expresso

stoel di mucha

la chaise haute

cuenta

la facture

hasechi

le plateau

cuchiu

le couteau

forki

la fourchette

cuchara

la cuillère

telep

la cuillère à thé

napkin

la serviette

glas

le verre

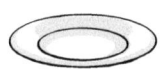

tayo

l'assiette

tayo di sopi

l'assiette à soupe

scoter

la soucoupe

saus

la sauce

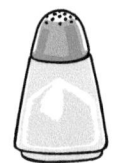

pochi di salo

la salière

mulina di peper

le moulin à poivre

binager

le vinaigre

azeta

l'huile

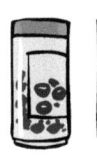

specerij

les épices

ketchup

le ketchup

mosterd

la moutarde

mayonaise

la mayonnaise

supermarket
le supermarché

oferta special
l'offre promotionnelle
FOR
cliente
le client
producto lacteo
les produits laitiers
fruta
les fruits
garoshi di compra
le chariot

BUTCHERS

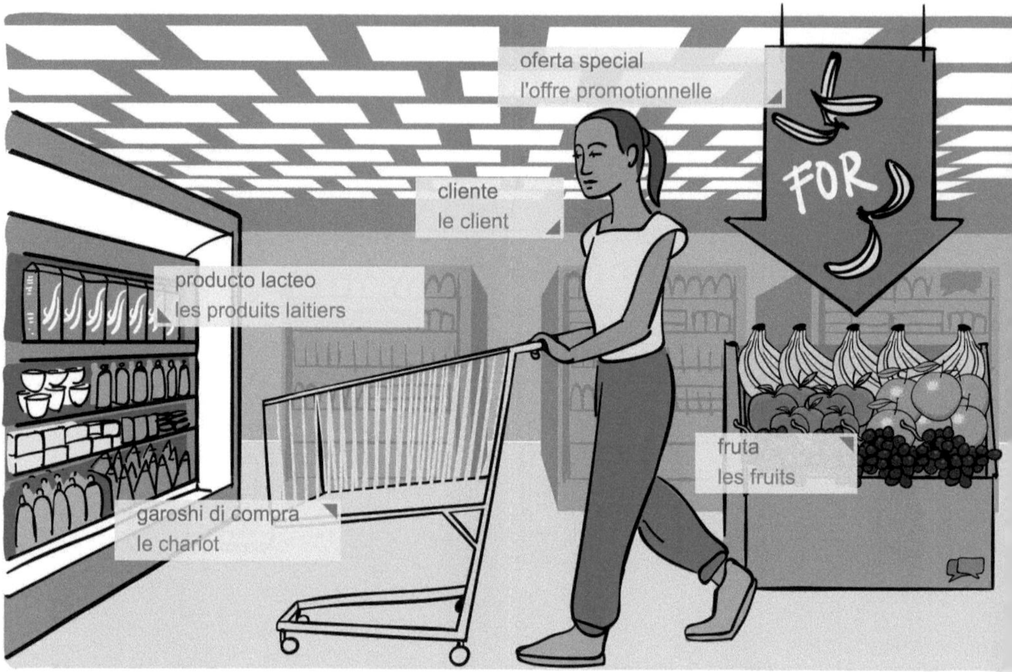

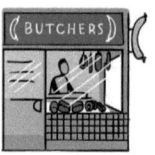

carniceria

la boucherie

BAKERY

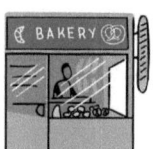

panaderia

la boulangerie

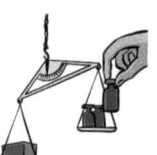

pisa

peser

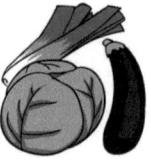

berdura

les légumes

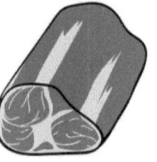

carni

la viande

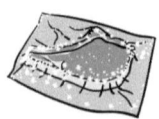

frozen food

les aliments surgelés

beleg di carni

la charcuterie

cuminda di bleki

les conserves

detergente na puiro

la poudre à lessive

mangel

les bonbons

producto pa cas

les articles ménagers

articulo di limpiesa

les détergents

bendedo

la vendeuse

cahero

la caisse

cahero

le caissier

lista di compra

la liste d'achats

orario

les heures d'ouverture

cartera

le portefeuille

credit card

la carte de crédit

tas

le sac

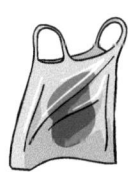

saco di plastic

le sac en plastique

awa

l'eau

juice

le jus de fruit

lechi

le lait

cola

le coca

biña

le vin

cerbes

la bière

alcohol

l'alcool

chocomel

le chocolat chaud

te

le thé

koffie

le café

espresso

l'expresso

cappuccino

le cappuccino

bacoba

la banane

appel

la pomme

apelsina

l'orange

milon

le melon

lamunchi

le citron.

wortel

la carotte

conoflok

l'ail

bambu

le bambou

siboyo

l'oignon

mushroom

le champignon

noot

les noisettes

pasta

les pâtes

spaghetti

les spaghetti

aros

le riz

salada

la salade

batata hasa

les pommes frites

batata hasa

les pommes de terre rôties

pizza

la pizza

hamburger

le hamburger

sandwich

le sandwich

cutlet

l'escalope

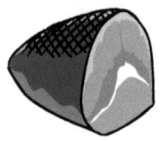

ham

le jambon

salami

le salami

soseishi

la saucisse

galiña

le poulet

hasa

le rôti

pisca

le poisson

papa

les flocons d'avoine

müsli

le muesli

cornflakes

les cornflakes

hariña

la farine

croissant

le croissant

pan rondo

les petits-pains

pan

le pain

toast

le pain grillé

cuki

les biscuits

manteca

le beurre

kwark

le fromage blanc

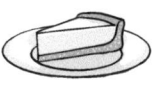

bolo

le gâteau

webo

l'œuf

webo hasa

l'œuf au plat

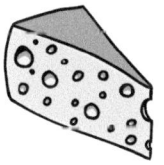

keshi

le fromage

ijscream

la glace

sucu

le sucre

honing

le miel

jam

la confiture

pasta di chuculati

la crème nougat

curry

le curry

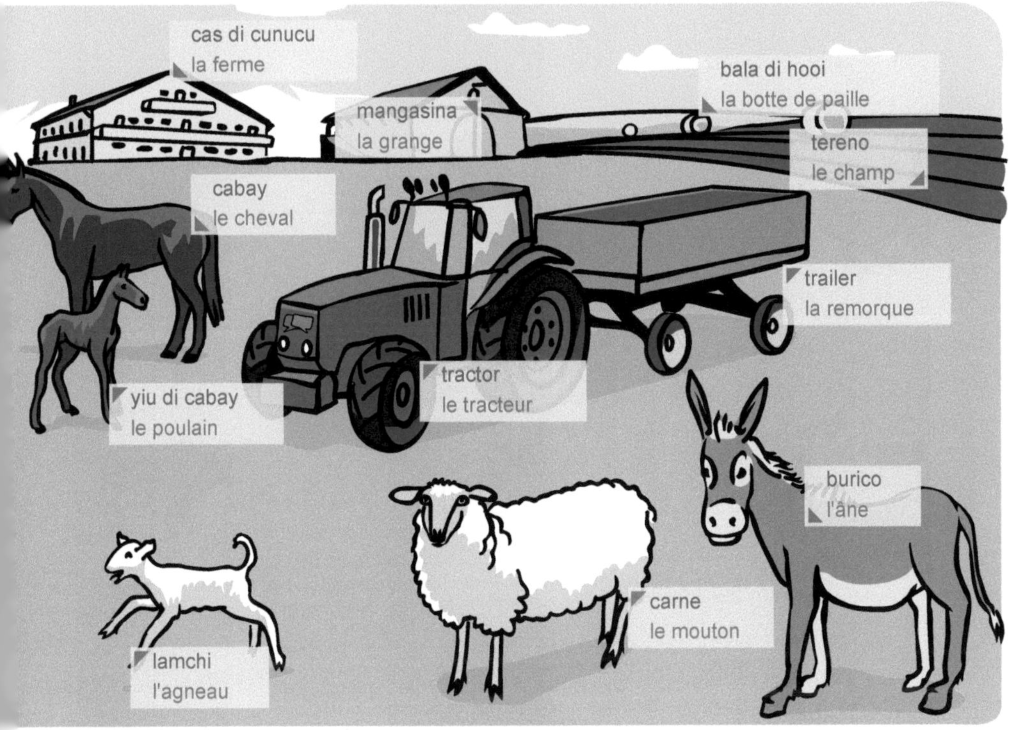

cas di cunucu
la ferme

mangasina
la grange

bala di hooi
la botte de paille

tereno
le champ

cabay
le cheval

trailer
la remorque

yiu di cabay
le poulain

tractor
le tracteur

burico
l'âne

carne
le mouton

lamchi
l'agneau

cabrito

la chèvre

baca

la vache

bishe

le veau

porco

le porc

yiu di porco

le porcelet

toro

le taureau

gans
l'oie

pato
le canard

puyito
le poussin

galiña
la poule

gay
le coq

djaca
le rat

pushi
le chat

raton
la souris

toro
le bœuf

cacho
le chien

cas di cacho
le chenil

slang pa muha mata
le tuyau de jardin

gieter
l'arrosoir

herment pa corta yerbe
la faucheuse

ploeg
la charrue

garabati

la faucille

chapi

la pioche

forki pa coy hooi

la fourche

hacha

la hache

garetia

la brouette

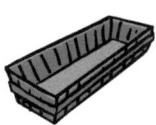

pesebre

la cuve

canica di lechi

le pot à lait

saco

le sac

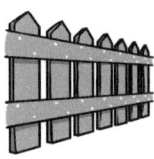

heki

la clôture

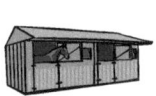

stal

l'étable

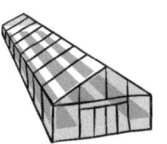

greenhouse

le serre

suela

lc зol

simia

les semences

mest

l'engrais

mashin di cosecha

la moissonneuse-batteuse

cosecha

récolter

cosecha

la récolte

yams

l'igname

trigo

le blé

soya

le soja

batata

la pomme de terre

maishi

le maïs

canola

le colza

palo di fruta

l'arbre fruitier

yuca

le manioc

grano

les céréales

la maison

chimenea
la cheminée
dak
le toit
het
la gouttière
bentana
la fenêtre
garashi
le garage
bel
la sonnette
porta
la porte
bari di sushi
la poubelle
postbus
la boîte aux lettres
cura
le jardin

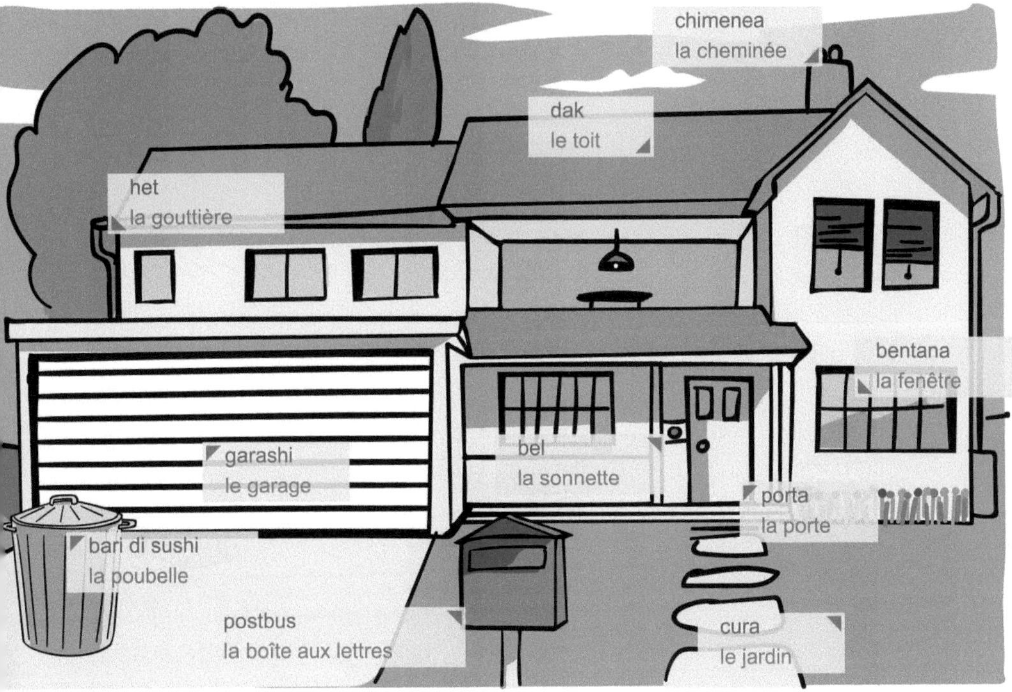

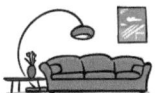

sala
le salon

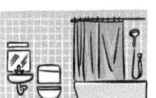

baño
la salle de bain

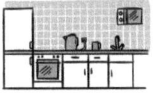

cushina
la cuisine

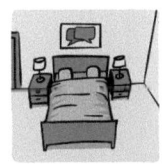

camber
la chambre à coucher

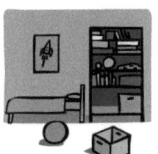

camber di mucha
la chambre d'enfant

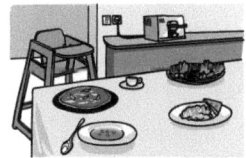

comedo
la salle à manger

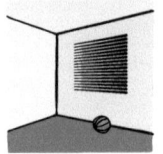

suela

le sol

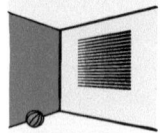

muraya

le mur

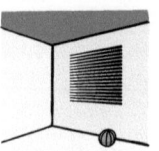

blafon

le plafond

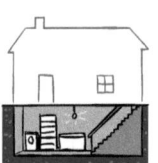

bodega

la cave

sauna

le sauna

balcon

le balcon

terasa

la terrasse

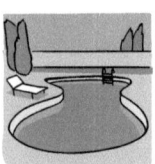

piscina

la piscine

mashin di corta yerba

la tondeuse à gazon

laken

la housse

bedsprei

la couette

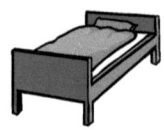

cama

le lit

basora

le balai

hemchi

le sceau

switch

l'interrupteur

sala

le salon

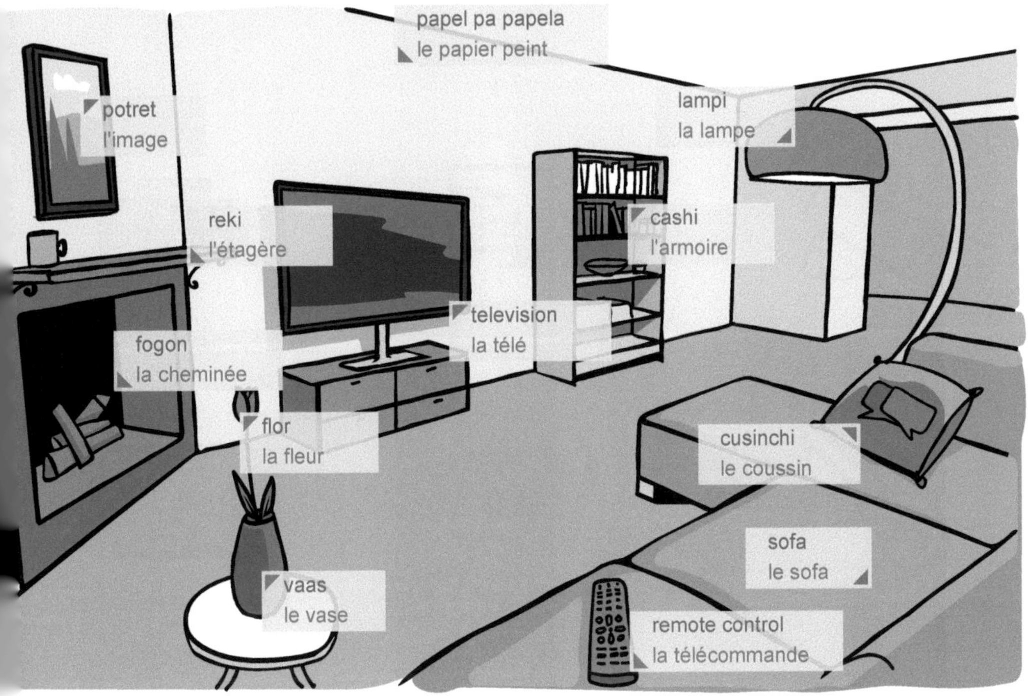
papel pa papela
le papier peint
potret
l'image
lampi
la lampe
reki
l'étagère
cashi
l'armoire
television
la télé
fogon
la cheminée
flor
la fleur
cusinchi
le coussin
sofa
le sofa
vaas
le vase
remote control
la télécommande

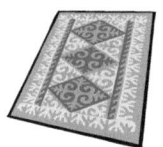

tapijt

le tapis

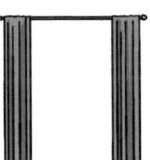

cortina

le rideau

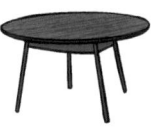

mesa

la table

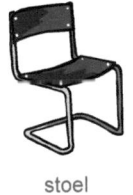

stoel

la chaise

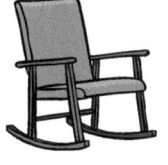

stoel di zoya

la chaise à bascule

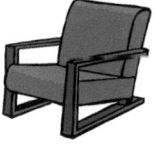

stoel

le fauteuil

buki

le livre

dekel

la couverture

decoracion

la décoration

palo pa kima

le bois de chauffage

film

le film

stereoset

la chaîne hi-fi

yabi

la clé

corant

le journal

cuadra

la peinture

poster

le poster

radio

la radio

blocnote

le bloc-notes

stofzuiger

l'aspirateur

cadushi

le cactus

bela

la bougie

cushina
la cuisine

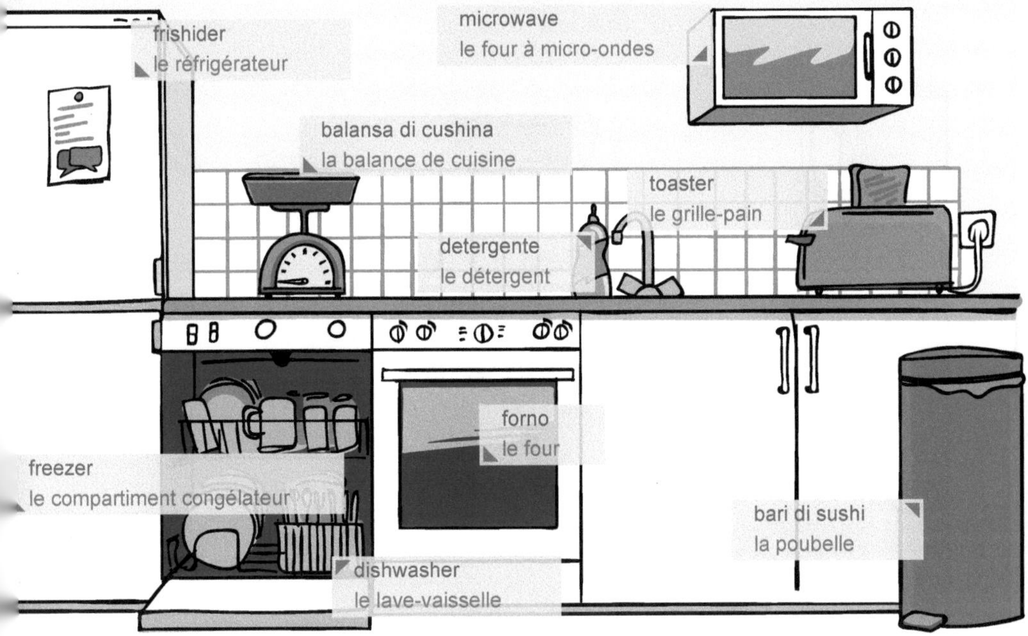

frishider
le réfrigérateur
microwave
le four à micro-ondes
balansa di cushina
la balance de cuisine
toaster
le grille-pain
detergente
le détergent
forno
le four
freezer
le compartiment congélateur
bari di sushi
la poubelle
dishwasher
le lave-vaisselle

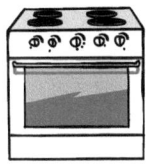

stoof
....
le four

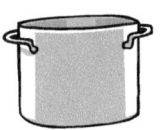

wea
....
la casserole

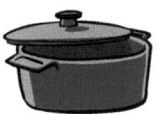

wea di hero
....
la marmite

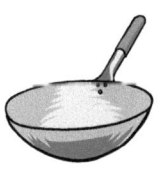

wok
....
le wok / kadai

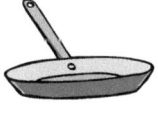

planchi
....
la poêle

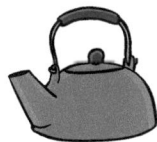

ketel
....
la bouilloire electrique

steamer
le cuiseur vapeur

teblachi pa horna
la plaque de cuisson

servies
la vaisselle

beker
le gobelet

conchi
la coupe

chopstick
les baguettes

cuchara di sopi
la louche

spatula
la spatule

garde
le fouet

scurido
la passoire

colado
le tamis

raspa
la râpe

fenso
le mortier

barbecue
le barbecue

candela
la cheminée

planki pa corta

la planche à découper

rostok

le rouleau à pâtisserie

kurkentrek

le tire-bouchon

bleki

la boîte

cos di habri bleki

l'ouvre-boîte

pannenlap

les maniques

wasbak

le lavabo

skeiro

la brosse

spons

l'éponge

blender

le mixeur

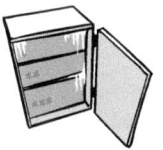

freezer

le congélateur

tetero

le biberon

cranchi

le robinet

cushina - la cuisine

baño

la salle de bain

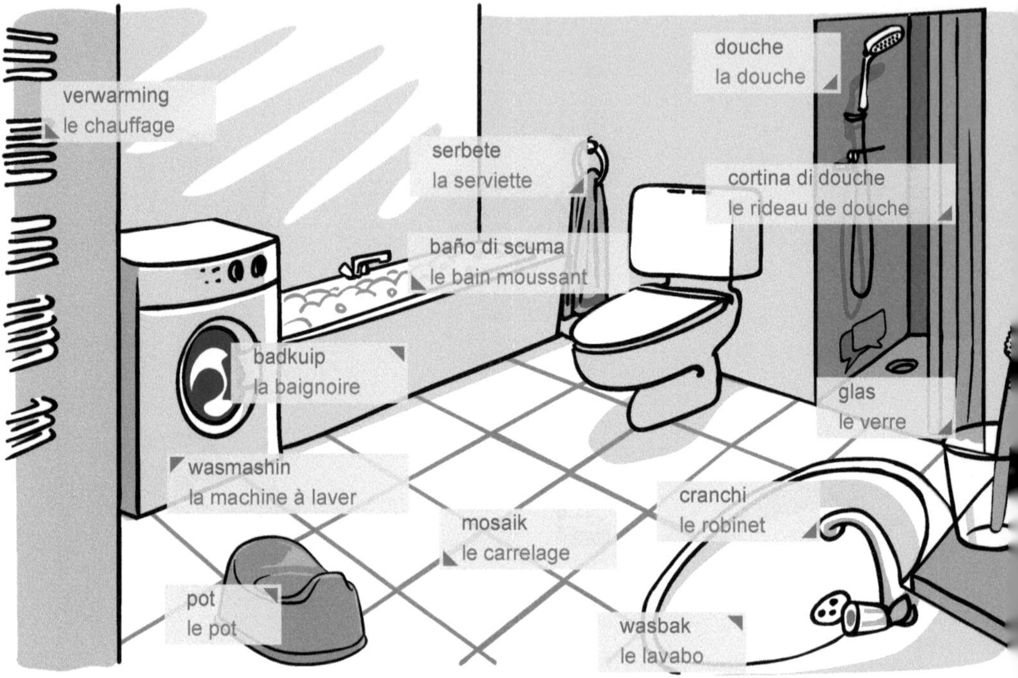
verwarming
le chauffage
serbete
la serviette
douche
la douche
cortina di douche
le rideau de douche
baño di scuma
le bain moussant
badkuip
la baignoire
wasmashin
la machine à laver
glas
le verre
cranchi
le robinet
mosaik
le carrelage
pot
le pot
wasbak
le lavabo

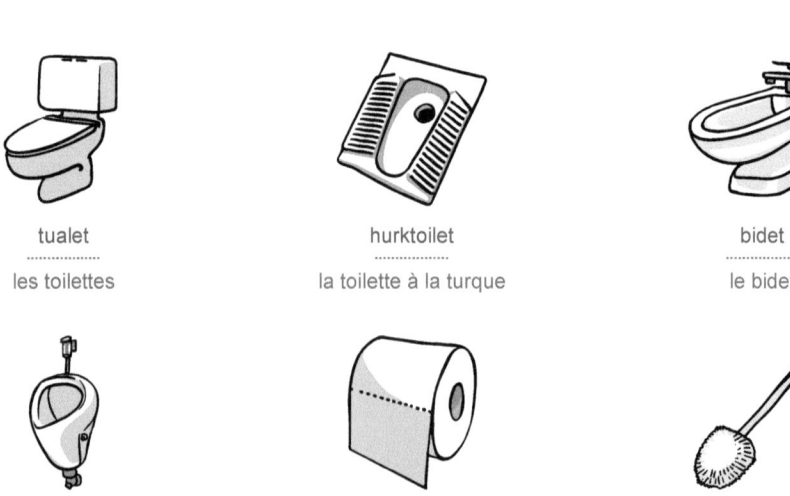

tualet

les toilettes

hurktoilet

la toilette à la turque

bidet

le bidet

urinal

l'urinoir

papel di w.c.

le papier toilette

skeiro di w.c.

la brosse à toilette

skeiro di djente

la brosse à dents

pasta di djente

le dentifrice

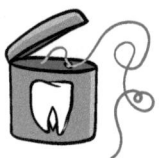

dental floss

le fil dentaire

laba

laver

douche di man

la douche manuelle

bidet

la douche intime

tobo

la vasque

skeiro

la brosse dorsale

habon

le savon

shower gel

le gel douche

shampoo

le shampooing

washandje

le gant de toilette

drain

l'écoulement

crema

la crème

desodorante

le déodorant

spiel

le miroir

spiel di man

le miroir cosmétique

blet

le rasoir

shaving foam

la mousse à raser

aftershave

l'après-rasage

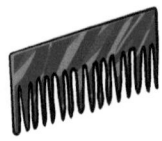

peña

la peigne

skeiro

la brosse

blower

le sèche-cheveux

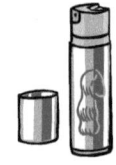

spray pa cabey

la laque pour cheveux

makeup

le fond de teint

lipstick

le rouge à lèvres

cos di pinta huña

le vernis à ongles

catuna

l'ouate

sker pa corta huña

le coupe-ongles

perfume

le parfum

tas
....
la trousse de toilette

kruk
....
le tabouret

balansa
....
le pèse-personne

bata
....
le peignoir

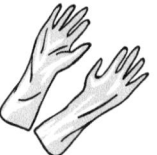

handschoen
....
les gants de nettoyage

tampon
....
le tampon

kotex
....
es serviettes hygiéniques

wc kimico
....
la toilette chimique

camber di mucha

la chambre d'enfant

wekker
le réveil
peluche
le doudou
auto di hunga
la voiture jouet
maraca
le hochet
cas di popchi
la maison de poupée
regalo
le cadeau

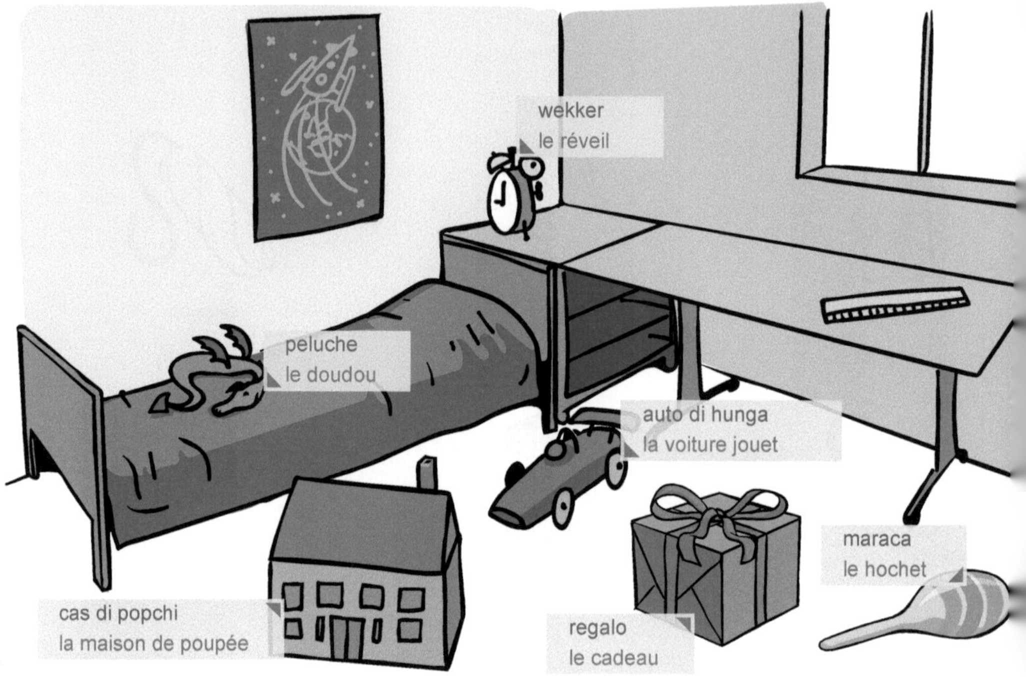

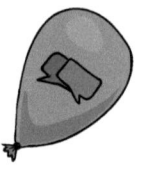

blaas

le ballon

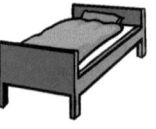

cama

le lit

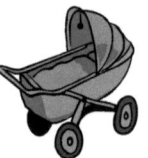

stroller

la poussette

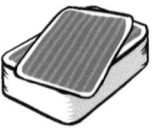

baraha di carta

le jeu de cartes

puzzel

le puzzle

SUPER
MEGA

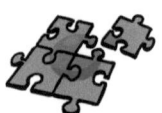

comic

la bande dessinée

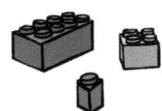

lego
les pièces lego

bloki di hunga
les blocs de construction

figura di accion
la figurine

romper
la grenouillère

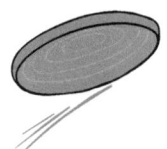

frisbee
le frisbee

mobil
le mobile

wega di mesa
le jeu de société

dou
le dé

set di trein
le train miniature

chupon
la sucette

fiesta
la fête

buki di prenchi
le livre d'images

bala
la balle

popchi
la poupée

hunga
jouer

zandbak

le bac à sable

zoya

la balançoire

cos di hunga

les jouets

videogame

la console de jeu

tricycle

le tricycle

beer

l'ours en peluche

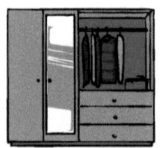

cashi di paña

l'armoire

paña

les vêtements

mea

les chaussettes

mea

les bas

pantyhose

le collant

sjaal
l'écharpe

faha
la ceinture

paraplu
le parapluie

T-shirt
le t-shirt

keds
les baskets

boots
les bottes

slof
les pantoufles

sandalia

les sandales

sapato

les chaussures

laars di rubber

les bottes de caoutchouc

carsonsio

les sous-vêtements

bh

le soutien-gorge

flanel

le maillot de corps

body
le body

carson
le pantalon

jeans
le jean

saya
la jupe

blusa
le chemisier

camisa
la chemise

sweater
le pull

sweater
le sweat à capuche

blazer
la veste

jacket
la veste

jas
le manteau

regenjas
l'imperméable

flus
le costume

shimis
la robe

shimis di bruid
la robe de mariée

flus

le costume

yapon

la chemise de nuit

pidjama

le pyjama

sari

le sari

lenso di cabes

le foulard

turban

le turban

burqa

la burqa

kaftan

le caftan

abaya

l'abaya

zwempak

le maillot de bain

zwembroek

le maillot de bain

carson cortico

le short

trainingspak

la tenue d'entraînement

lantera

le tablier

handschoen

les gants

boton

le bouton

bril

les lunettes

armband

le bracelet

cadena

le collier

renchi

la bague

renchi di horea

la boucle d'oreille

pechi

le bonnet

kapstok

le cintre

sombre

le chapeau

dashi

la cravate

ziper

la fermeture éclair

helm

le casque

guiel

les bretelles

uniform di scol

l'uniforme scolaire

uniform

l'uniforme

babado
....
le bavoir

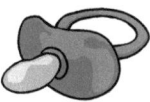

chupon
....
la sucette

bruki
....
la lange

oficina
le bureau

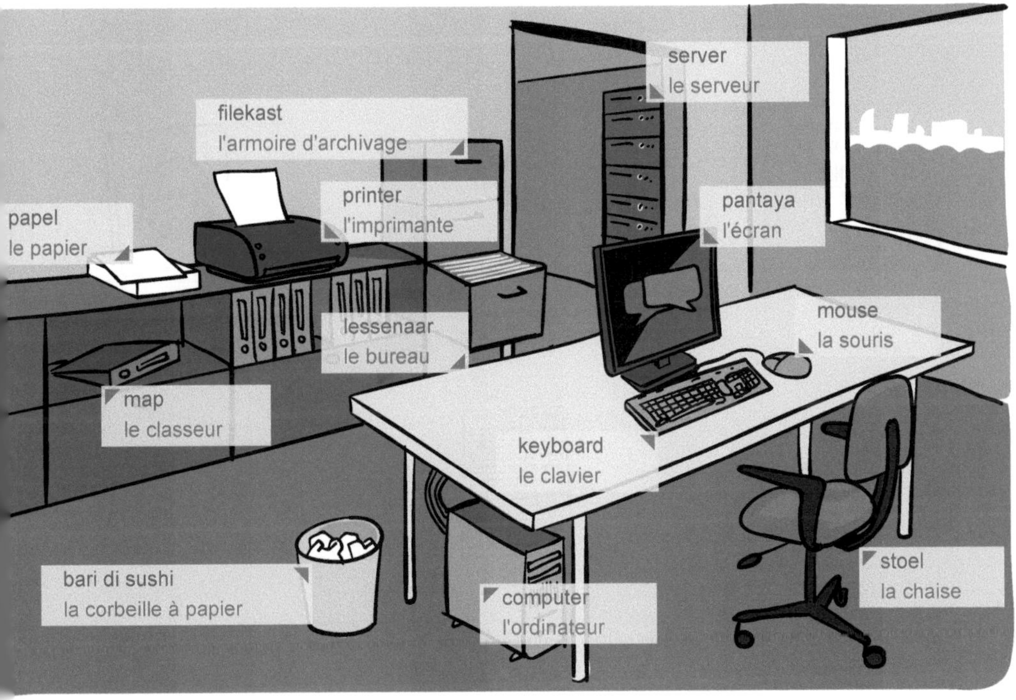

server
le serveur

filekast
l'armoire d'archivage

printer
l'imprimante

papel
le papier

pantaya
l'écran

lessenaar
le bureau

mouse
la souris

map
le classeur

keyboard
le clavier

bari di sushi
la corbeille à papier

stoel
la chaise

computer
l'ordinateur

copi pa bebe koffie
....
la tasse de café

calculator
....
la calculatrice

internet
....
l'internet

laptop

l'ordinateur portable

carta

la lettre

mensahe

le message

celular

le portable

red

le réseau

mashin di copia

la photocopieuse

software

le logiciel

telefon

le téléphone

stopcontact

la prise

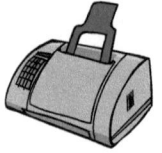

fax mashin

le fax

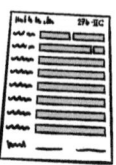

formulario

le formulaire

documento

le document

cumpra

acheter

paga

payer

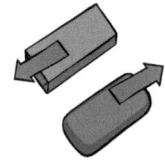

negosha

faire du commerce

placa

la monnaie

dollar

le dollar

euro

l'euro

yen

le yen

roebel

le rouble

frank suiso

le franc suisse

yuan renminbi

le renminbi yuan

roepi

la roupie

bancomatico

le distributeur automatique

oficina di cambio

le bureau de change

oro

l'or

plata

l'argent

azeta

le pétrole

energia

l'énergie

prijs

le prix

contract

le contrat

impuesto

la taxe

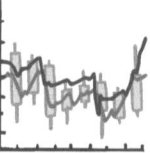

share

l'action

traha

travailler

empleado

l'employé

dunado di trabou

l'employeur

fabrica

l'usine

tienda

le magasin

economia - l'économie

agente policial
l'agent de police

bombero
le pompier

coki
le cuisinier

dokter
le médecin

piloto
le pilote

hardinero
le jardinier

carpinte
le menuisier

cosedo
la couturière

hues
le juge

kimico
le chimiste

actor
l'acteur

chauffeur di bus

le conducteur de bus

chauffeur di taxi

le chauffeur de taxi

piscado

le pêcheur

hende cu ta haci cas limpi

la femme de ménage

drechado di dak

le couvreur

waiter

le serveur

jaagdo

le chasseur

verfdo

le peintre

panadero

le boulanger

electricista

l'électricien

trahado den construccion

l'ouvrier

ingeniero

l'ingénieur

carnicero

le boucher

loodgieter

le plombier

partido di carta

le facteur

solda
le soldat

arkitecto
l'architecte

cahero
le caissier

florista
le fleuriste

pelukero / pelukera
le coiffeur

controlado di ticket
le contrôleur

mecanico
le mécanicien

capitan
le capitaine

dentista
le dentiste

cientifico
le scientifique

rabbi
le rabbin

imam
l'imam

monk
le moine

pastor
le prêtre

herment
les outils

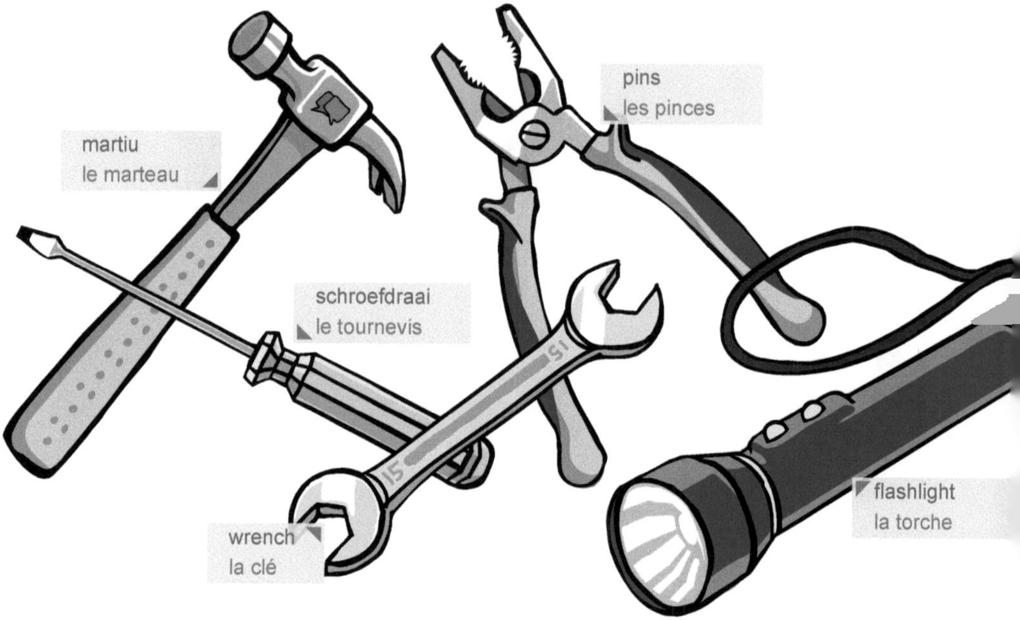
martiu
le marteau
pins
les pinces
schroefdraai
le tournevis
wrench
la clé
flashlight
la torche

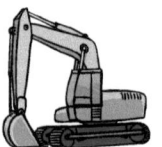

bulldozer
la pelleteuse

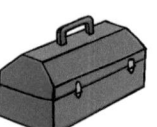

caha di herment
la boîte à outils

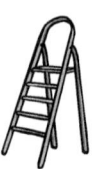

trapi
l'échelle

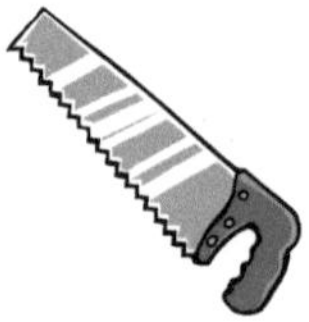

zaag
la scie

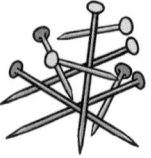

clabo
les clous

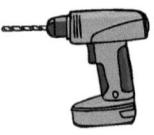

boormashin
la perceuse

drecha
....
réparer

shobel
....
la pelle

caraho!
....
Mince !

scop
....
la pelle

bleki di verf
....
le pot de peinture

schroef
....
les vis

instrumento musical
les instruments de musique

drumset
la batterie

speaker
le haut-parleurs

guitara
la guitare

contrabaho
la contrebasse

trompet
la trompette

piano

le piano

fio

le violon

baho

la basse

timbal

les timbales

tambu

le tambour

keyboard

le piano électrique

saxofon

le saxophone

fluit

la flûte

microfon

le microphone

entrada
l'entrée

tiger
le tigre

couchi
la cage

zebra
le zèbre

cuminda di bestia
l'alimentation animale

panda
le panda

animal
....
les animaux

olifante
....
l'éléphant

cangaru
....
le kangourou

neushoorn
....
le rhinocéros

gorila
....
le gorille

beer
....
l'ours

camel
le chameau

avestruz
l'autruche

leon
le lion

macaco
le singe

flamingo
le flamand rose

lora
le perroquet

beer polar
l'ours polaire

pinguin
le pingouin

tribon
le requin

pauwies
le paon

colebra
le serpent

caiman
le crocodile

cuidado di bestia
le gardien de zoo

cacho di awa
le phoque

jaguar
le jaguar

pony

le poney

leopardo

le léopard

hipopotamo

l'hippopotame

giraf

la girafe

aguila

l'aigle

porco di mondi

le sanglier

pisca

le poisson

turtuga

la tortue

walrus

le morse

vos

le renard

gazelle

la gazelle

futbol Americano
l'american Football

ciclismo
le cyclisme

tennis
le tennis

basketball
le basket-ball

landamento
la natation

boxeo
la boxe

ice hockey
le hockey sur glace

futbol
le football

badminton
le badminton

atletismo
l'athlétisme

handbal
le handball

ski
le ski

polo
le polo

actividad
les activités

bula
sauter
brasa
embrasser
hari
rire
cana
marcher
canta
chanter
soña
rêver
resa
prier
sunchi
faire la bise

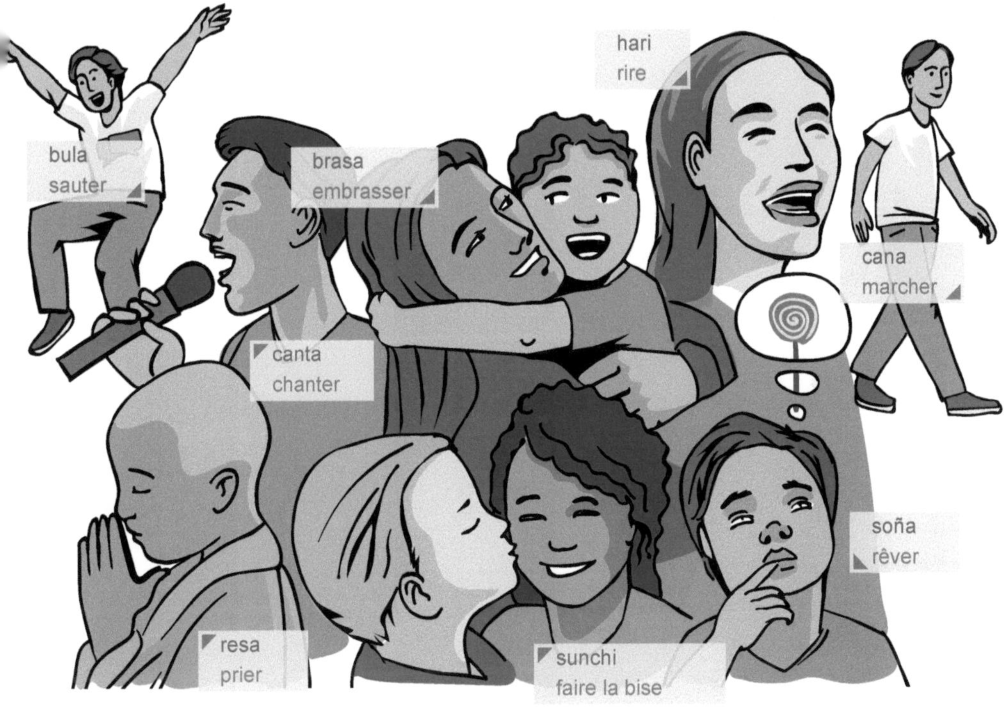

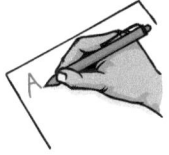

skirbi
écrire

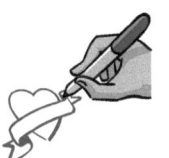

pinta
dessiner

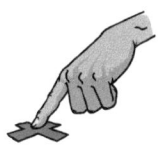

mustra
montrer

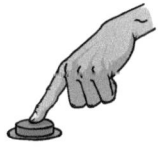

primi
pousser

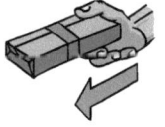

duna
donner

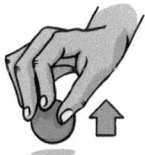

coy
prendre

tin
avoir

haci
faire

ta
être

para
être debout

core
courir

ranca
trier

tira
jeter

cay
tomber

drumi
être couché

warda
attendre

carga
porter

sinta
être assis

bisti
s'habiller

drumi
dormir

lanta fo'i soño
se réveiller

mira

regarder

yora

pleurer

caricia

caresser

peña

peigner

papia

parler

compronde

comprendre

puntra

demander

scucha

écouter

bebe

boire

come

manger

ruim op

ranger

stima

aimer

cushna

cuire

bai

conduire

bula

voler

actividad - les activités

zeilo

faire de la voile

conta

calculer

lesa

lire

siña

apprendre

traha

travailler

casa

se marier

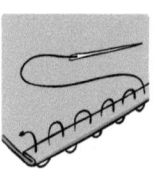

cose

coudre

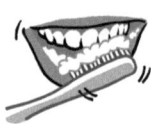

skeiro djente

brosser les dents

mata

tuer

huma

fumer

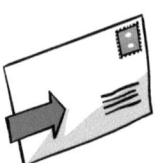

manda

envoyer

famia
la famille

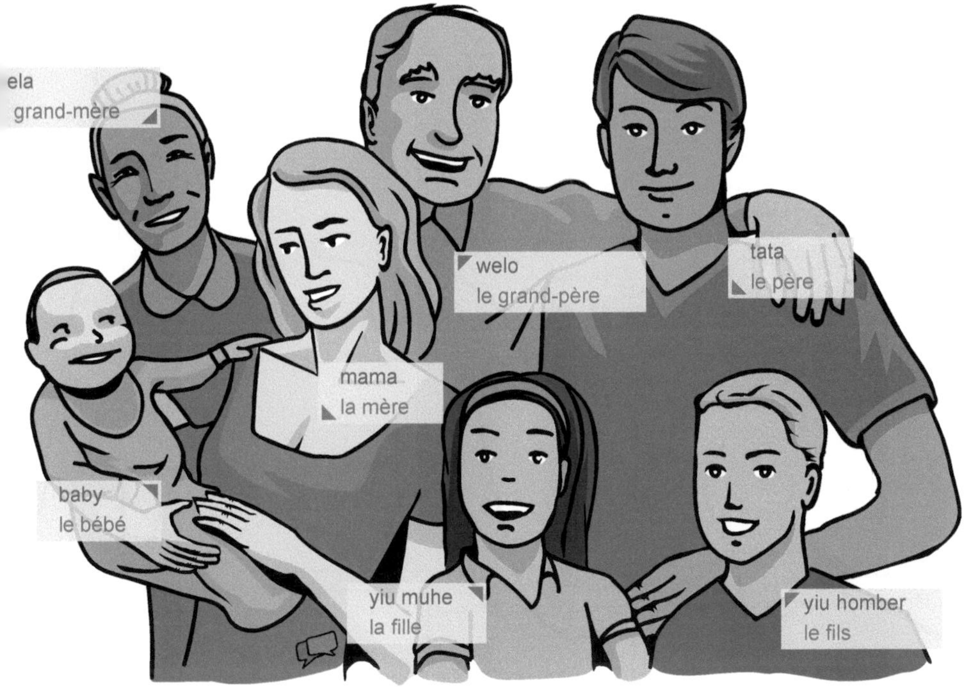
ela
grand-mère
welo
le grand-père
tata
le père
mama
la mère
baby
le bébé
yiu muhe
la fille
yiu homber
le fils

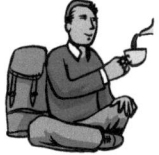

huesped
....
l'hôte

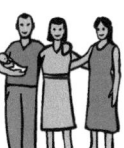

tanta
....
la tante

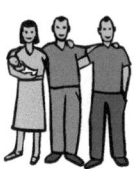

omo
....
l'oncle

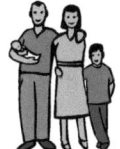

ruman homber
....
le frère

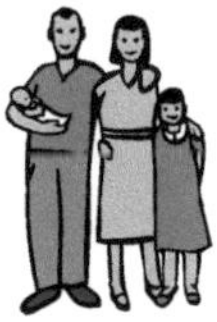

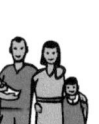

ruman muhe
....
la sœur

curpa

le corps

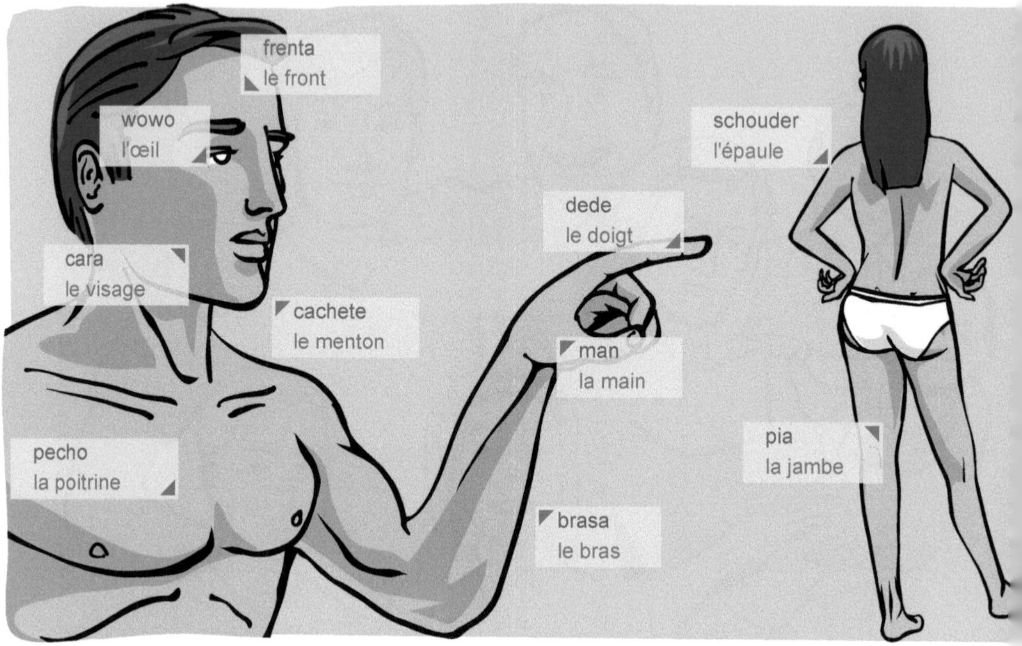
frenta
le front
wowo
l'œil
schouder
l'épaule
dede
le doigt
cara
le visage
cachete
le menton
man
la main
pia
la jambe
pecho
la poitrine
brasa
le bras

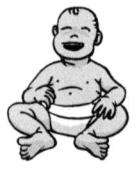

baby

le bébé

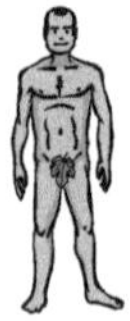

homber

l'homme

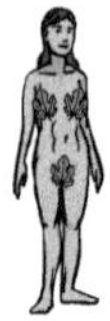

muhe

la femme

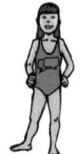

mucha muhe

la fille

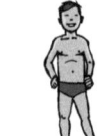

mucha homber

le garçon

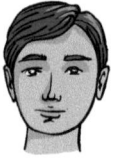

cabes

la tête

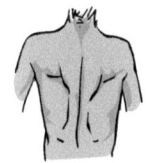

lomba

le dos

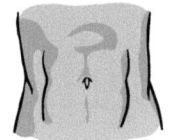

bariga

le ventre

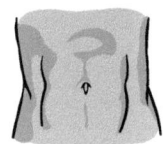

lombrishi

le nombril

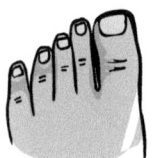

dede di pia

l'orteil

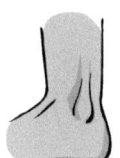

hilchi

le talon

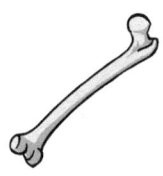

weso

l'os

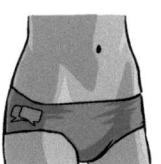

heup

la hanche

rudia

le genou

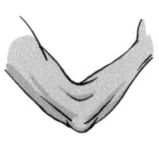

elleboog

le coude

nanishi

le nez

chanchan

les fesses

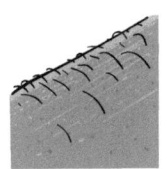

cuero

la peau

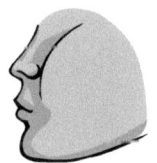

wang

la joue

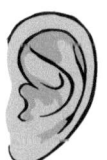

horea

l'oreille

lip

la lèvre

boca

la bouche

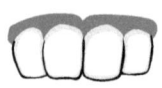

djente

la dent

lenga

la langue

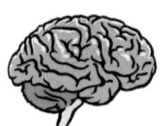

celebro

le cerveau

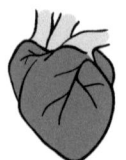

curason

le cœur

musculo

le muscle

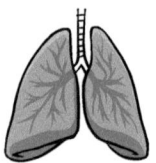

pulmon

les poumons

higra

le foie

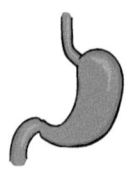

stoma

l'estomac

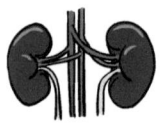

nier

les reins

sex

le rapport sexuel

condon

le préservatif

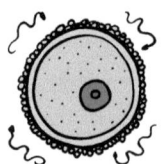

ovulo

l'ovule

sperma

le sperme

embaraso

la grossesse

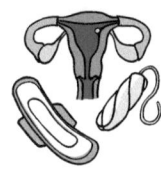

menstruacion

la menstruation

vagina

le vagin

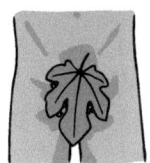

penis

le pénis

wenkbrauw

le sourcil

cabey

les cheveux

nek

le cou

hospital
l'hôpital

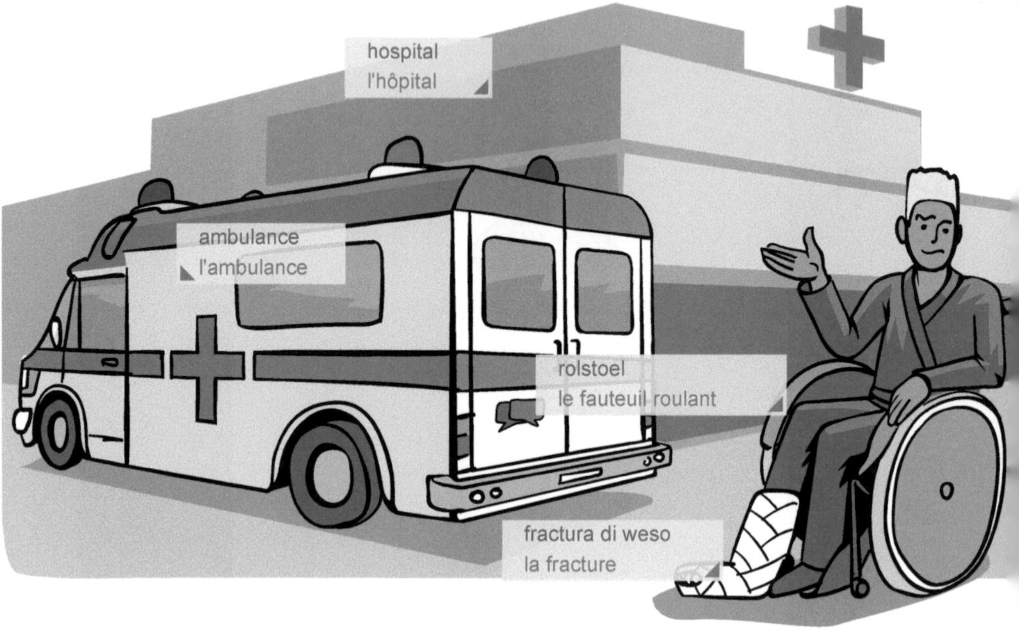

hospital
l'hôpital
ambulance
l'ambulance
rolstoel
le fauteuil roulant
fractura di weso
la fracture

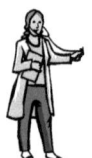

dokter
le médecin

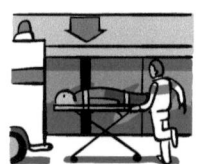

EHBO (prome asistencia/eerste hulp)
le service des urgences

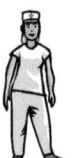

nurse
l'infirmière

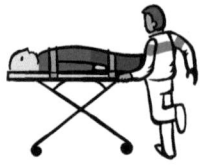

caso di emergencia
l'urgence

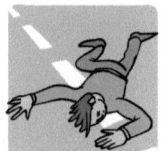

fo'i tino
inconscient

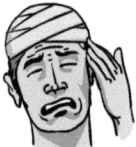

dolor
la douleur

lesion
....
la blessure

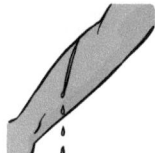

sangramento
....
l'hémorragie

ataca di curason
....
la crise cardiaque

ataca celebral
....
l'attaque cérébrale

alergia
....
l'allergie

tosa
....
la toux

keintura
....
la fièvre

griep
....
la grippe

diarea
....
la diarrhée

dolor di cabes
....
le mal de tête

cancer
....
le cancer

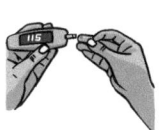

diabetes
....
le diabète

ciruhano
....
le chirurgien

scalpel
....
le scalpel

operacion
....
l'opération

CT

le CT

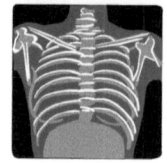

x-ray

la radiographie

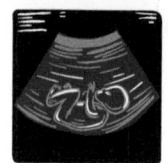

echo

l'échographie

masker contra stof

le masque

malesa

la maladie

sala di espera

la salle d'attente

kruk

la béquille

pleister

le pansement

verband

le pansement

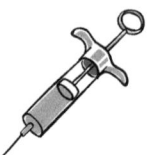

inyeccion

l'injection

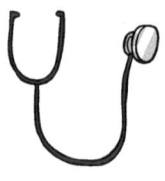

stetoscop

le stéthoscope

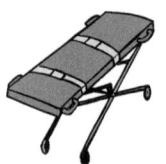

brancard

le brancard

thermometer

le thermomètre

nacemento

l'accouchement

sobrepeso

la surcharge pondérale

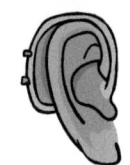

aparato pa oido

l'appareil auditif

desinfectante

le désinfectant

infeccion

l'infection

virus

le virus

HIV / AIDS

le VIH / le sida

remedi

le médicament

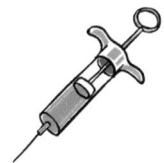

vacuna

la vaccination

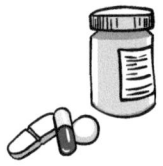

pilder

les comprimés

pilder

la pilule

yamada di emergencia

l'appel d'urgence

aparato pa midi presion

le tensiomètre

malo / saludabel

malade / sain

auxilio!
Au secours !

alarma
l'alarme

atraco
l'assaut

atake
l'attaque

peliger
le danger

salida di emergencia
la sortie de secours

candela
Au feu!

brandspuit
l'extincteur

desgracia
l'accident

caha di prome asistencia
la trousse de premier secours

SOS
SOS

polis
la police

Europa

l'Europe

Noord America

l'Amérique du Nord

Sur America

l'Amérique du Sud

Africa

l'Afrique

Asia

l'Asie

Australia

l'Australie

Oceano Atlantico

l'Océan atlantique

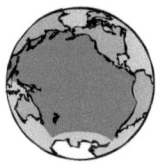

Oceano Pacifico

l'Océan pacifique

Oceano Indio

l'Océan indien

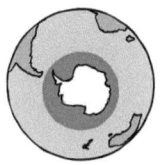

Oceano Antartico

l'Océan antarctique

Oceano Artico

l'Océan arctique

Noordpool

le Pôle nord

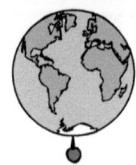

Zuidpool

le Pôle sud

Antartica

l'Antarctique

mundo

la terre

tera

le pays

lama

la mer

isla

l'île

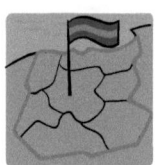

nacion

la nation

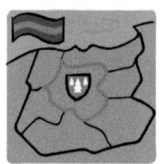

estado

l'état

holoshi analog

le cadran

wijzer chikito

l'aiguille des heures

wijzer grandi

l'aiguille des minutes

wijzer di seconde

l'aiguille des secondes

Cuant'or tin?

Quelle heure est-il ?

dia

le jour

tempo

le temps

awor

maintenant

holoshi digital

la montre digitale

minuut

la minute

ora

l'heure

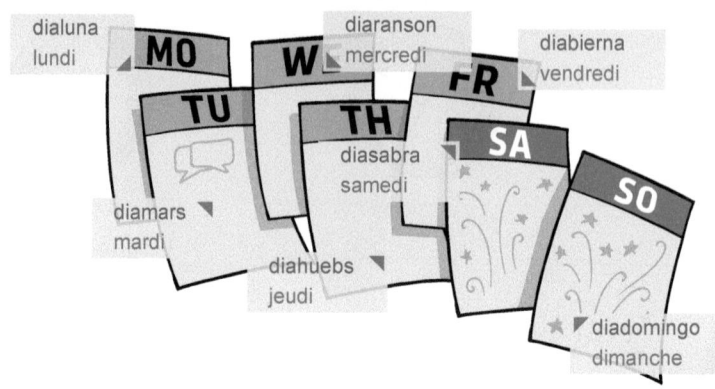

dialuna
lundi

diaranson
mercredi

diabierna
vendredi

diamars
mardi

diasabra
samedi

diahuebs
jeudi

diadomingo
dimanche

ayera

hier

awe

aujourd'hui

mañan

demain

mainta

le matin

merdia

le midi

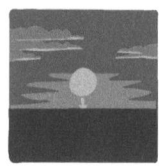

anochi

le soir

MO	TU	WE	TH	FR	SA	SU
1	2	3	4	5	6	7
8	9	10	11	12	13	14
15	16	17	18	19	20	21
22	23	24	25	26	27	28
29	30	31	1	2	3	4

dia di trabou

les jours ouvrables

MO	TU	WE	TH	FR	SA	SU
1	2	3	4	5	6	7
8	9	10	11	12	13	14
15	16	17	18	19	20	21
22	23	24	25	26	27	28
29	30	31	1	2	3	4

weekend

le week-end

aña
l'année

awacero
la pluie
arco iris
l'arc-en-ciel
sneeuw
la neige
biento
le vent
lente
le printemps
herfst
l'automne
zomer
l'été
winter
l'hiver

4.APRIL 11°
5.APRIL 4°
6.APRIL 13°
7.APRIL 8°
8.APRIL 10°

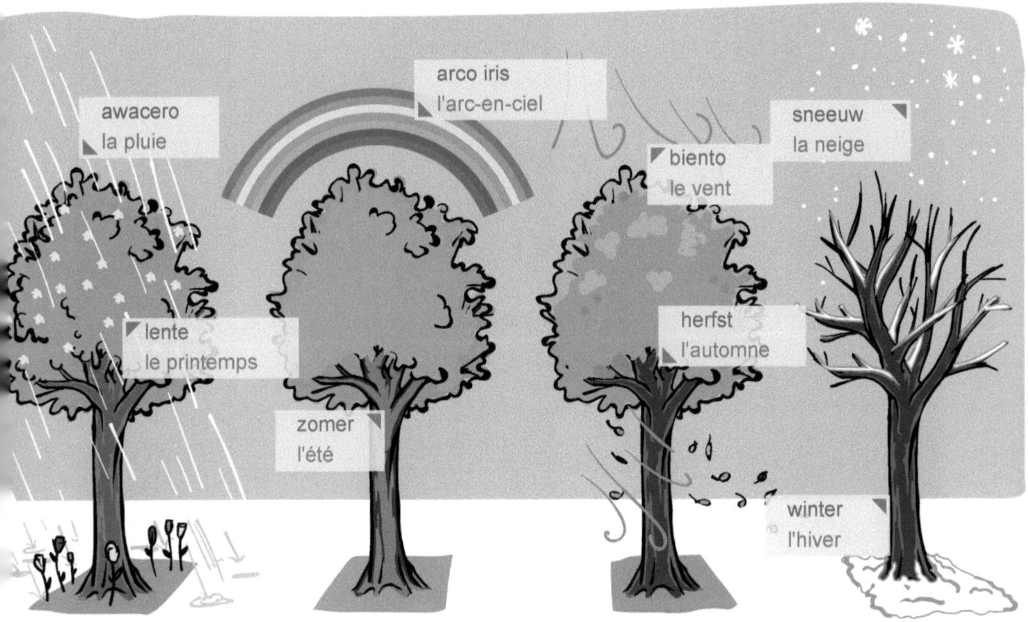

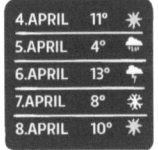

pronostico di tempo
....
la météo

F C
120 40
90 30
60 20
30 10
0 0
-30 -10
-20

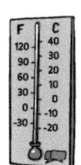

thermometer
....
le thermomètre

solo ta briya
....
la lumière du soleil

nubia
....
le nuage

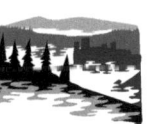

neblina
....
le brouillard

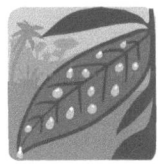

humedad
....
l'humidité

lamper

la foudre

strena

la tonnerre

mal tempo

la tempête

hagel

la grêle

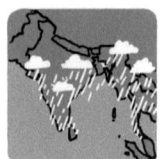

mal tempo

la mousson

inundacion

l'inondation

ijs

la glace

januari

janvier

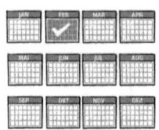

februari

février

maart

mars

april

avril

mei

mai

juni

juin

juli

juillet

augustus

août

aña - l'année

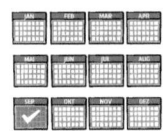

september
....
septembre

october
....
octobre

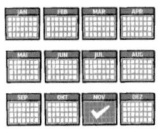

november
....
novembre

december
....
décembre

forma

les formes

circulo
....
le cercle

cuadra
....
le carré

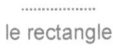

rectangulo
....
le rectangle

triangulo
....
le triangle

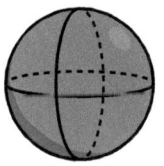

bol
....
la sphère

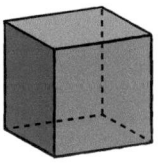

kubus
....
le cube

blanco
blanc

geel
jaune

oraño
orange

ros
rose

cora
rouge

biña
violet

blauw
bleu

berde
vert

bruin
marron

shinishi
gris

preto
noir

hopi / tiki

beaucoup / peu

rabia / trankil

fâché / calme

bunita / mahos

joli / laid

comienso / final

le début / la fin

grandi / chikito

grand / petit

cla / scur

clair / obscure

ruman homber / ruman muhe

frère / soeur

limpi / sushi

propre / sale

completo / incompleto

complet / incomplet

dia / anochi

le jour / la nuit

morto / bibo

mort / vivant

hancho / smal

large / étroit

comibel / incomibel

comestible / incomestible

mal hende / bon hende

méchant / gentil

ansioso / ferfela bo mes

excité / ennuyé

gordo / flaco

gros / mince

prome / ultimo

le premier / le dernier

amigo / enemigo

l'ami / l'ennemi

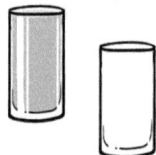

yen / bashi

plein / vide

duro / moli

dur / souple

pisa / lihe

lourd / léger

hamber / sed

faim / soif

malo / saludabel

malade / sain

ilegal / legal

illégal / légal

inteligente / sabi

intelligent / stupide

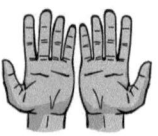

robes / drechi

gauche / droite

cerca / leu

proche / loin

contrario - les oppositions

nobo / uza

nouveau / usé

nada / algo

rien / quelque chose

bieu / jong

vieux / jeune

cendi / paga

marche / arrêt

habri / cera

ouvert / fermé

keto / duro

faible / fort

rico / pober

riche / pauvre

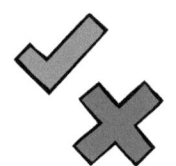

bon / fout

correct / incorrect

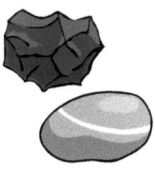

grof / liso

rugueux / lisse

tristo / contento

triste / heureux

cortico / largo

court / long

pocopoco / lihe

lent / rapide

muha / seco

mouillé / sec

cayente / friu

chaud / froid

guera / paz

la guerre / la paix

0

cero

zéro

1

un

un / une

2

dos

deux

3

tres

trois

4

cuater

quatre

5

cinco

cinq

6

seis

six

7

shete

sept

8

ocho

huit

9

nuebe

neuf

10

dies

dix

11

diesun

onze

12

diesdos

douze

13

diestres

treize

14

diescuatro

quatorze

15

diescinco

quinze

16

diesseis

seize

17

diesshete

dix-sept

18

diesocho

dix-huit

19

diesnuebe

dix-neuf

20

binti

vingt

100

shen

cent

1.000

mil

mille

1.000.000

miyon

le million

cifra - les nombres

Ingles

l'anglais

Ingles Mericano

l'anglais américain

Chines Mandarin

le chinois mandarin

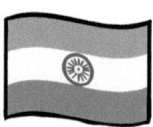

Hindi

le hindi

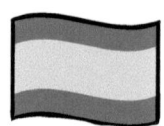

Spaño

l'espagnol

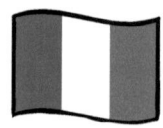

Frances

le français

Arabe

l'arabe

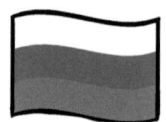

Ruso

le russe

Portugues

le portugais

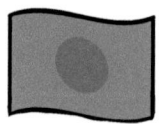

Bengal

le bengali

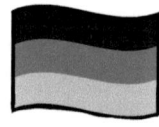

Aleman

l'allemand

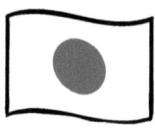

Hapones

le japonais

ami
....
je

abo
....
tu

e
....
il / elle / ce, c', cela

nos
....
nous

boso
....
vous

nan
....
ils / elles

ken?
....
Qui ?

kico?
....
Quoi ?

con?
....
Comment ?

unda?
....
Où ?

ki ora?
....
Quand ?

nomber
....
le nom

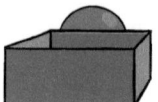

patras

derrière

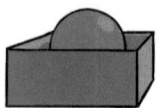

den

dans

dilanti di

devant

ariba

au-dessus

riba

sur

bou di

en-dessous

banda di

à côté de

entre

entre

luga

le lieu